Being a Superhero
Ser un superhéroe

Liz Shmuilov

Illustrated by Mary K. Biswas

www.kidkiddos.com
Copyright ©2019 by KidKiddos Books Ltd.
support@kidkiddos.com

All rights reserved. No part of this book may be reproduced in any form or by any electronic or mechanical means, including information storage and retrieval systems, without written permission from the publisher, except in the case of a reviewer, who may quote brief passages embodied in critical articles or in a review.
Todos los derechos reservados. Ninguna parte de este libro se puede utilizar o reproducir de forma alguna sin el permiso escrito y firmado de la autora, excepto en el caso de citas breves incluidas en reseñas o artículos críticos.
First edition, 2019

Translated from English by Karen Rodríguez
Traducido del Inglés por Karen Rodríguez
Spanish editing by Mónica Michel and Alvaro Ahumada
Revisión del texto en español por Mónica Michel y Alvaro Ahumada

Library and Archives Canada Cataloguing in Publication
Being a Superhero (English Spanish Bilingual Edition)/ Liz Shmuilov
ISBN: 978-1-5259-1310-5 paperback
ISBN: 978-1-5259-1311-2 hardcover
ISBN: 978-1-5259-1309-9 eBook

Please note that the Spanish and English versions of the story have been written to be as close as possible. However, in some cases they differ in order to accommodate nuances and fluidity of each language.

Hi friends! My name is Maya. I am a lizard. I want to tell you a story about my best friend Ron the frog, who became a superhero.

¡Hola, amigos! Mi nombre es Maya. Soy una lagartija. Quiero contarles una historia acerca de mi mejor amigo Ron, la rana, quien se convirtió en un superhéroe.

One summer day, I was at Ron's house watching our favorite superhero show.
Un día de verano, estábamos en la casa de Ron viendo nuestro programa favorito de superhéroes.

"You know," Ron said suddenly, "it would be cool to be a superhero. Then we would be able to help others!"
—Sabes —dijo Ron de repente—, sería genial ser un superhéroe. ¡Así podríamos ayudar a los demás!

"That's a great idea!" I replied, millions of thoughts racing through my mind. "I could be your coach and teach you all the things a superhero needs to know!"
—¡Es una gran idea! —respondí, mientras se me venían a la mente millones de ideas—. ¡Podría ser tu entrenadora y enseñarte todo lo que un superhéroe necesita saber!

"I've watched a lot of movies. I can teach you!" I added.
—He visto muchas películas, puedo enseñarte —añadí.

As he heard this, a look of hope appeared on Ron's face.
En cuanto escuchó esto, una mirada de esperanza apareció en el rostro de Ron.

"But every superhero needs a superpower," he said quietly.
—*Pero todo superhéroe necesita un súper poder —dijo en voz baja.*

I thought for a moment. "Your superpower can be your talent in long jumps! Oh, and your sticky hands!"
Pensé por un momento.
—*¡Tu súper poder puede ser tu talento de dar grandes saltos! ¡Ah, y tus manos pegajosas!*

"Yes!" Ron jumped with excitement.
—*¡Sí! —Ron saltó emocionado.*

"Now we need a costume. Something everyone will recognize," I said.
—Ahora necesitamos un traje. Algo que todos reconozcan —dije.

Ron ran to his room and brought out a red shirt. "We can color a big star on this shirt!"
Ron corrió a su habitación y sacó una camiseta roja.
—¡Podemos pintar una estrella enorme en esta camiseta!

"Great idea!" I smiled. "How about a cape?"
—¡Qué gran idea! —sonreí—. ¿Qué tal una capa?

"We can use my favorite blanket!" exclaimed Ron. His eyes sparkled.
—¡Podemos utilizar mi cobija favorita! —exclamó Ron. Sus ojos brillaban.

We got straight to work, drawing and painting on Ron's shirt.
Nos pusimos a trabajar: dibujamos y pintamos la camiseta de Ron.

"It looks amazing! You will look like a real superhero!" I said when we finished.
—*¡Se ve fantástica! ¡Parecerás un superhéroe de verdad! —dije cuando terminamos.*

The next morning, we met at the park and started practicing.
A la mañana siguiente, nos encontramos en el parque y empezamos a practicar.

"Today, I will teach you a few important things every superhero needs to know: The Three Superhero Rules."

—Hoy, te enseñaré unas cuantas cosas importantes que todo superhéroe necesita saber: Las Tres Reglas del Superhéroe.

We sat down on the bench and I explained the rules to Ron.

Nos sentamos en una banca y le expliqué las reglas a Ron.

"Rule number one: never give up, no matter how difficult the situation gets."
—*Regla número uno: nunca te rindas, no importa lo difícil que sea la situación.*

"Rule number two: learn from your mistakes, so that you can do better next time."
—*Regla número dos: aprende de tus errores, para que puedas hacerlo mejor la próxima vez.*

"Rule number three: always remember that you can do anything!"
—*Regla número tres: ¡siempre recuerda que puedes hacer todo lo que te propongas!*

We worked on memorizing the rules and then headed back to my house.
Trabajamos en memorizar las reglas y luego fuimos a mi casa.

"I can't find my favorite toy!" he cried loudly.
—¡No encuentro mi juguete favorito! —lloró a gritos.

I glanced at Ron and whispered, "This seems like a mission for a Superhero!"
Miré a Ron y le susurré:
—¡Esta parece ser una misión para un superhéroe!

Ron smiled and nodded. "What does the toy look like?" he asked.
Ron sonrió y asintió.
—¿Cómo es el juguete? —preguntó.

"It's my stuffed toy, the lion, from the superhero TV show," explained Danny. "It's big and soft."
—Es mi juguete de peluche, el león del programa de superhéroes de la televisión —dijo Danny—.
Es grande y suave.

"Don't worry. We will find it," Ron assured him, and we began our first mission.

—No te preocupes, lo encontraremos —le aseguró Ron y así comenzamos con nuestra primera misión.

We looked everywhere—in closets, beside cupboards, behind tables and under chairs. The toy was nowhere to be found.

Buscamos por todas partes: en los armarios, en la alacena, detrás de las mesas y debajo de las sillas. El juguete no estaba en ninguna parte.

"You two should go look in the backyard, and I'll keep searching here," Ron suggested.

—¿Por qué ustedes no le echan un vistazo al patio mientras yo me quedo buscando aquí? —sugirió Ron.

Just as Danny and I stepped outside, we heard Ron's voice. "I found it! I found it!"
En cuanto Danny y yo salimos, escuchamos la voz de Ron.
—¡Lo encontré! ¡Lo encontré!

We ran to him and looked down at the small object in his hand.
Corrimos hacia él y vimos el pequeño objeto en sus manos.

"That's not the lion I was talking about," Danny frowned. "My toy is big and soft, but this one is small and wooden."
—Ese no es el león del que hablaba —Danny frunció el ceño—. Mi juguete es grande y suave, y este es pequeño y de madera.

Ron's face fell at first, but a look of determination quickly replaced the disappointment.
Al principio, Ron se desanimó, pero pronto una mirada de determinación reemplazó su decepción.

"No worries," he said. "Superhero rule number one: Never give up!"
—No te preocupes —dijo—. Regla número uno del superhéroe: ¡Nunca te rindas!

"Rule number two," I added, "Learn from your mistakes. We are looking for a BIG, SOFT, stuffed toy."
—Regla número dos —añadí— Aprende de tus errores. Estamos buscando un juguete de peluche GRANDE y SUAVE.

"Soft and big. Got it!" Ron replied.
—Suave y grande. ¡Entendido! —respondió Ron.

"And rule number three," I said. "Who can do anything?"
—Y regla número tres —dije—. ¿Quién puede hacer lo que se proponga?

"I'm a Superhero and I can do anything!" yelled Ron enthusiastically.
—Soy un superhéroe, ¡puedo hacer cualquier cosa que me proponga! —gritó Ron con entusiasmo.

"We have to think like superheroes," he continued. "If the toy is not in the house, it must be somewhere outside. It's not like it can fly away!"
—Tenemos que pensar como superhéroes —continuó—. Si el juguete no está en la casa, debe estar en alguna parte afuera.

Ron giggled and looked up to the sky, but suddenly froze.
Ron rió y miró al cielo, pero de repente se quedó helado.

"What are you staring at?" I wondered, looking up also.
—*¿Qué estás mirando? —le pregunté, mirando hacia arriba también.*

Ron pointed to the top of our big apple tree.
Ron señaló la copa de un árbol de manzanas.

"Is that...?" I began to mumble.
—*¿Es eso...? —empecé a murmurar.*

"My toy! You found it, Ron!" Danny exclaimed.
—¡Mi juguete! ¡Lo encontraste, Ron! —exclamó Danny.

"But how will we get it from the tree?" he added quietly.
—Pero, ¿cómo lo sacaremos del árbol? —añadió en voz baja.

"Ron can get it easily," I said. "He can use his powers — his sticky hands and super long jumps."
—Ron puede recuperarlo fácilmente —dije—. Puede usar sus súper poderes: sus manos pegajosas y sus largos saltos.

Ron took a deep breath and began climbing the tree, jumping from branch to branch.
Ron respiró hondo y empezó a trepar el árbol, saltando de rama en rama.

He reached the toy and very soon, got down and handed it to my brother.
Llegó hasta el juguete y rápidamente bajó y se lo entregó a mi hermano.

"You're my hero!" Danny laughed and gave Ron a big hug.
—¡Eres mi héroe! —Danny rió y le dio un gran abrazo a Ron.

"Actually, Maya is the real hero," Ron corrected him. "She taught me everything I know!"
—En realidad, Maya es la verdadera heroína —le corrigió Ron—. ¡Ella me ha enseñado todo lo que sé!

That day we learned that even if we're not the superheroes from the movies, we're smart and strong and can do anything we want!

Ese día aprendí que aunque no seamos como los superhéroes de las películas, somos inteligentes y fuertes, ¡y podemos hacer todo lo que queramos!

And remember, you are a Superhero too!

Y recuerda, ¡tú también eres un superhéroe!

www.ingramcontent.com/pod-product-compliance
Lightning Source LLC
Chambersburg PA
CBHW061132070526
44584CB00033B/4306